엉겅퀴꽃

이 도서의 국립중앙도서관 출판예정도서목록(CIP)은 서지정보유통지원시스템 홈페이지(http://seoji.nl.go.kr)와 국가자료종합목록 구축시스템(http://kolis-net.nl.go.kr)에서 이용하실 수 있습니다.
(CIP제어번호 : CIP2020016211)

지혜사랑 216

엉겅퀴꽃

권혁재

지혜

시인의 말

당신에게 가는 길을
쓸데없이 너무 많이
만들어 놓았다

2020년
권혁재

차례

2부

3부

• 일러두기
한 연이 첫 번째 행에서 시작될 때는 > 로 표시합니다.

1부

지슬*밭

달빛이 구멍 난 신발코로 들락거릴수록
밤은 더 무기력했고
허기는 개머리판에 얹힌 손을
부르르 떨게 했다
손에서 미끄러진 총이
고사목 가지를 부러트리며
밭으로 떨어졌다
패인 밭고랑에서 불에 타지 않은 지슬이
화약 냄새를 품은 채
불안한 씨눈을 깜박거리며 까맣게 웃었다
밤이 오고 다시 찾아온 적막
사람들이 하나 둘 지슬밭으로 내려와
아린 지슬을 씹어 먹으며
내 년도 농사를 걱정했다
내일을 알 수 없는 숱한 이야기들이
텅 빈 밭에서 지슬꽃으로 져버린
애기무덤들 위로 유성처럼 떨어졌다
마지막 하지 지슬이 바닥나면서
지슬밭은 마을의 공동묘지가 되었다.

* 지슬 : 감자의 제주도 사투리.

안개의 섬

자고나면 해안가에서 번진 불이
중산간 턱밑까지 가 있었다
타다만 주검들은 백록白鹿을 닮아
무명천 빛으로 한라산을 바라보았다
불타는 마을이 바다를 물들이며
떠돌아다니는 섬이 되었다
너와 나는 우리가 될 수 없어서
무인도에 떠 있는 등대로
하루가 조명탄처럼 불안하였다
죽고 나서도 섬을 떠날 수 없는 사람들
새벽이 와도 도댓불이 꺼지지 않는
질긴 섬이 있었다
자고나면 오름 같은 무덤이
촘촘히 더 늘어나는 안개의 섬
제삿날이 한날이고
한 마을이 무덤더미로 변한 채
곡성을 타고 휘돌아다니는
안개의 섬이 남쪽에 있었다.

망향忘鄕

표선면 가시리에 사는 고종사촌이
실한 귤을 땄다면 한 상자를 보내왔다
반 년 전에 죽은 아내소식을 알지 못한 그에게
아내가 맛있다고 전해달라는 빈 안부를 하며
씹히는 귤의 과즙에 눈물이 뚝뚝 떨어졌다
밥을 먹어도 남쪽을 피해 앉고
잠을 자도 북방으로 돌아누워
섬을 등진 몇 십 년의 망향
세월이 가면 잊어진다고
다들 바람처럼 가볍게 말하고 떠났지만
떠나지 않은 것은 언뜻 번개 치듯 떠오르는
실향에 대한 지독한 저주였다
살다보면 아물어진다고
다들 남의 일처럼 아무렇게나 떠들어댔지만
정작 떠들지 못한 것은
진실을 말하지 않은 사람들의 입이었다
고향이 어디냐고 물으면
괜히 불심검문에 걸린 것 같아
주저주저하다가 잠들지 않는 남도*라고
당당히 고향을 밝히지 못한 채 서럽게만 울었다
치민 울화가 목에 걸려 답답했다
고종사촌이 보낸 귤을 씹어 먹으면서

몇 개의 체증이 내려가는지 헤어보는
우울한 망향.

* 안치환의 노래 제목에서 차용함.

잠복학살터

천륜을 미끼로 몹쓸 덫을 놓은 밤
눈이 내려 대낮같았다

지금쯤, 첫 돌배기 무동이가 칭얼대며
식은 어미젖을 쪽쪽 빨고 있을 게다

뒷간으로 도새끼를 살피러가던
아버지의 바튼 기침소리도 멈췄을 게다

눈사태나기 전에 군불 단단히 넣으라는
어머니의 살가운 목소리도 끊겼을 게다

피와 비명으로 더러운 덫을 놓은 빈집
밤사이 내린 눈이 발자국을 덮어버렸다

오늘쯤, 천륜의 울음을 좇아 내려가는
내 등 뒤를 겨누는 총구가 있을 게다

구들장이 식지 않은 안방에 들어
뒤엉킨 주검을 이불로 말아 정리하다가
나도 한 무덤에 몸을 섞어 죽을 게다.

연좌제에 걸리다

돌담 끝에 걸친 공회당
얼굴을 천으로 가린 여인네 둘이
의자를 밟고
다리를 떨며 서 있다
어린아이가 엄마냄새를 아는 듯
인파속으로 기어들고
내 안사람이라고 대놓고 말할 수 없는
남정네들은 이미 산으로 달아났다
바람은 바람에게 있는 것
울음도
분노도
바람에게만 있는 것
섬의 바람은 자주 방향을 바꾸어
의자를 무너뜨리고 지나가는 집행자 같은 것
죄명도 없이 교수기 끝난 빈 공회당
올가미에 옥죄인 얼굴을 알 수 없는
늘어진 주검들이
마른 미역처럼 나부꼈다
바람도 떠돌나 돌아와
결국은 울었다
연좌제에 걸려
사제처럼 기도만하다

바람이 되는 곳,
공회당 앞을 지날 때면
여인의 늙은 울음소리가 가늘게 났다.

경을 치르다

토벌대에게 배를 걷어차인
어머니가 하혈을 하였다
허리춤에서 풀어져 내린 옷깃이
피에 젖어 늘어지며 물들었다
죽음의 냄새를 피해
문섬으로 피신했던 아버지
살을 찢는 비명에 놀라
몸을 얼마나 떨었는지
저고리 옷고름이 다 뜯겨져
바람에 너덜거리며 날렸다
총탄소리가 감자밭을 훑을 때마다
불이 난 마을에서 들려오는 젖먹이 울음소리
그믐밤에 끌려간 아버지는
달포가 지나도록 행방불명이었다
어머니가 아픈 배를 움켜잡고
느티나무 밑에서 떨어지는 잎처럼 울었다
철을 알 것 같은 나도 동조라도 하듯이
때 이른 초경을 하였다
어머니의 시름에 경을 하나 더 보탠
핏빛 세상을
나도 붉게 토해냈다.

무적霧笛

산에서 잡혀온 사람들이
살이 터지게 매질을 당했다고
바람이 일러주었다

섬에서 바람소리는
어린 아들을 잃은 아버지가
물고문을 당하며 뱉는
한 순간의 숨통 같기도 하고
남정네를 빼앗긴 여인이
낫자루를 쥐고 우는 소리 같기도 하여서
엄숙하게도 나는,
듣지도 보지도 못했다고 대답했다

가렸다고 다 가린 줄을 아는 자들이
얼굴 뻣뻣이 쳐들고 다니는 대낮
골목마다
핏빛 입김을 뱉어 놓은 채
마을의 장정들이
뒷산 동백 숲으로 들어가고
바람은 오랫동안
비밀을 훔쳐본 밀정처럼
때늦은 아픔을 다시 일러주었다

>

보아도 다 볼 수가 없고
말해도 들어주지 않는
환청 같은 섬의 외침을
나는,
바다 너머까지 울리는 무적으로
선한 목격자가 되어 들어주었다.

삐라

억새가 타는 냄새가
모슬포 쪽에서 부는 바람에 섞여
대평리까지 날아들었다
겁먹은 화순해변이 검게 변해
연기에 얼굴을 묻어버렸다
소개疏開가 되지 않은 외딴집에서
몇 발의 총성이 마른번개처럼
하늘을 가로지르며 들려왔다
진압대가 지나간 마을 어귀마다
전향을 알리는 삐라가 부고장처럼
정낭에 얹혀 있었다
침묵보다 무서운 작은 글씨들이
체증으로 덜컥 내려앉은 저물녘
불온한 생각에, 불온한 생각이
서로를 찔러대며 천지를 가렸다
먹빛 하늘로 올라가는 연기에서
삐라 타는 냄새가 났다.

해안선

과거를 잊고도
미래를 살아갈 수 없는 사람들이
바닷가로 모여들었다

집도 버리고 왔으나
바다는 길을 내어주지 않았다
다시 집으로 돌아가려해도
파도로 길을 다 지워버린 바다

뭍과 물의 경계에서
들려오는 총성에
혼란스런 발걸음만
제자리서 서성거렸다

과거를 잊지 못한 사람들이
과거의 흔적을 더듬는 해안선
섬을 칠십 바퀴나 떠돈 바람이
지워진 길속으로 불어갔다

미래를 빼앗긴 사람들이
오도 가도 못하고
긴 행렬로 늘어 서 있었다.

바람에게 묻다

섬의 바람은
허기로부터 불어온다
봄이 잔뜩
꽃망울을 터트려도
먹을 수 없는 꽃들은
두 손아귀에서 빠져나가
바람을 타고 민오름을 넘는다

봄만 오면 무덤 같은 오름이
허기진 사람들을 불러 모아
고봉밥을 퍼다 먹인다

한 끼 배고픔보다는
토벌대의 군화소리가
더 무서웠다는
사람들의 울음소리가
바람에 묻힌 어우눌마을

공회당 앞마당에 늘어서서
창살 없는 연좌제를 만들어
섬을 벌주고 가두어 둔 것을,
바람에게 묻다.

물의 제문

눈물에도 바람은 있는지
물보라를 피워 놓고
초헌을 올리는 정방폭포
바다로 돌아가지 못하거나
뭍으로 올라가지 못한 물들이
무지갯빛 바람을 타고
폭포로 떨어지며 쓰는 물의 제문
눈물이 바람에 떨어져
마르지 않은 채 한 시대가 갔다
바람이 눈물에 젖어
멈추지 않은 채 한 시대가 왔다
불에 데인 검은 낙인같이
군데군데 덧난 상처로 누워 있는 돌들
지워지지 않는 제문 한 줄을
눈물바람이 새기고 시리졌다.

화순 느티나무

산간지대에서 쫓겨 온 사람들이
은신처를 구하지 못한 채
서로 몸을 포개어 나무가 되었다

화순을 지날 때면
밥은 먹고 다니냐는
안부를 묻는 나무의 목소리가
무후한 바람을 타고 들려왔다

누구네 농장의 감귤 빛깔이 고운 게
누구네 화훼단지의 꽃이 참한 게
제 뿌리 밑에 누워 있는 사람들의
섬 같은 따뜻한 색깔 때문이라고
천 번도 더 스쳐간 달빛에게 보낸 말

노을을 받아먹고 서 있는
화순 느티나무 가지마다
조등 같은 얼굴들이 매달려 있었다.

비양도 2

총소리가 가까워질 때마다
바다로 달아나는 발걸음

단검에 찔린 파도의 신음이
숨비소리로 들려오면
오도 가도 못하게 발이 묶였다

검푸른 물결을 따라
드나드는 무성한 소문에도
억장이 무너진 코지바람을 피하며
울 수 없는 물새를 달래주던 시절이 있었다

눈 뜨면 엎어진 그림자들이
하루가 멀게
노을로 외 닿는 섬

한라산 발밑까지
애증의 돌을 던지며
내 몸살을 도지게 한
당신을 이제는,
바다로 되돌려 주고 싶었다.

빈집

당신을 떠나보내고
며칠 째 거른 끼니
배고픔보다는
밥 때가 되면
당신이 먼저 떠오릅니다
당신이 남기고 간
밥 짓던 냄새
안집에서 연기만 피워 올라도
당신이 노을을 지고 올 것 같은
산마루를 바라보다
들어선 좁다란 부엌
당신의 부재같이 텅 빈,
쌀독을 들여다보며 웁니다
눈물이 당신처럼 차츰 어두워집니다.

엉겅퀴꽃

무장대가 달아나다 흘린 피
토벌군이 쫓아가다 밟은 피
아프다는 신음도 내지 못한 채
칼에 베인 허벅지
죄명에 대한 분명한 선고도 없이
칼로 도려낸 젖꼭지
야음 속으로 토벌대가 기어드는지
꽃대궁이 붉게 흔들린다.

어떤 때가 흔들릴 때

지루한 시간들이 밤을 채운다
나뭇잎 비린내가 스며들고
먼 산에서 우는 새소리가 이명으로 울린다
잠에 취한 당신의 얼굴을
헝클어진 붉은 머리카락이 가린다
어딘가에서 한 떨림이 있는지
바람이 분다
바람의 색깔인 듯
유리창에 어른거리는 은색무늬
당신이 불면으로 뒤척일 때마다
차가운 문양으로 번져간다
비밀은 언제나 눈치 채지 못하다가
때늦게 알게 되는 것
어딘가에서 한 울음이 있는지
나무가 흔들린다.

담쟁이

당신에게 가는 길을

너무 많이 만들었다.

인은 In이었다

인은 인의 이름이었다
아웃이라고 거짓말도 할 줄 모르는
그의 유전인자 인은
처음부터 In에 있었는지 모른다
아웃의 경계를 알지 못한
태생의 말투와 얼굴빛으로
그는 가정과 직장을 아웃으로부터 지켜왔다
인은 In이었다
In을 가장하여 아웃으로만
떠돌던 위정자들은
국가도 버리고 민주도 버렸다는데,
In에 물린 인을 In이라고
당당하게 말하는 인은,
인이었다.

나리꽃

살아온 날이 행복했다고
정표로 주고 갔지요
총구에 떠밀려가는
당신을,
비탈에 서서 하늘거리며
쳐다만 보았지요
몇 번이나 뒤돌아보는
당신 눈길에
내 대살을 확신하였는지
눈동자가 충혈이 되도록
울며 끌려갔지요
죄가 없다면
둘 중에 하나라도 살아남는다면,
산비탈에 숨어서 핀
멍든 꽃을 보게 될 것이라고
공소기각 판결 날에
당신이 다부지게 말했지요
기제날을 맞춰서
진실을 믿은 사람들이
나리꽃으로 수북이 피었지요.

동백꽃에 지다

낮과 밤으로 꽃이 바뀌었다
바람에 따라 낮과 밤이
바뀌기도 하였다
보름밤이면 산사람들이
선요원을 좇아다니며 탄약고를 털었고,
정오가 되면 죽창에 찔린 사람들이
우마차에 실려 다랑쉬로 가다가
엉겅퀴가시에 허벅지를 긁히기도 하였다
산사람들이 산으로 가고
죽은 사람들이 해안가를 떠다니는 것을
숨죽여 훔쳐 본 며칠 째,
버려진 시신에서 떨어진 살갗이
제문으로 날려 와 발밑에 쌓였다
휑한 머리에 갈옷빛 상관을 쓰고
정신없는 초상집의 상주가 되어
맞절로 맞아주는 동백꽃.

폐가

기약 없는 당신 소식에
마음이 먼저 늙었습니다

당신 죽었다는 전갈에
내 기도도 죽었습니다

당신 기일이 다가올수록
내 나이도 잊었습니다

빈곳마다
채울 게 많은데
당신이 들어갈 자리가
이젠, 영영 없습니다.

2부

춘향 폐차장

남원터널 앞에서 만난 춘향 폐차장
터널 안으로 진입하기 전에
낡고 고장 난 것들은 모조리 들어오라고

터널을 지나가더라도
춘향이 집에 도착하기도 전에
엔진이 퍼지고 오버히터가 될 것이라고

폐차장 글씨가 춘화같이
히죽히죽 웃으며
춘향이 치맛자락으로 날린다.

개심사에 들어

내 마음이 그랬을까요
개심사 왕벚꽃을 보러가다
뭔가를 흘린 것 같아
뒤를 자꾸 돌아보게 되었지요
발걸음이 먼저 앞서 갈 때마다
마음이 열렸다 닫혔다하는 게
숨도 이랬다저랬다 하며 가빠왔지요
너무 이른 방문을 꾸중하는 듯
맨몸으로 마중 나온 배롱나무
범종각 처마에서 지느러미를 흔들어대며
물고기의 등살이 부딪히는 하늘 너머로
멧새 부리 같은 봉오리가 입을 다물고 있었지요
개심의 경계에 이르지 못한
내 마음을 미리 눈치 채고
벚꽃도 피지 않았던 것일까요
내 마음이 그랬던 것처럼
벚꽃의 지경도 그랬던 것일까요.

사연

궁리항 방파제에 쪼그려 앉아
물새소리로 우는 여자를 보았다
울음의 파동이 바다를 흔들고
바람의 길도 바꿔어 놓았다
복받친 몸이 들썩거릴 때마다
놀라서 달아나는 갈매기들
눈치를 보며 발밑까지 좇아온 파도가
그만 멈추라고 다독거려도
치맛자락이 젖도록 일어나질 않았다
눈물의 양만큼 차오른 밀물
바닷물에 갇힌 여자가
방파제 끝에 서 있는 등대처럼 보였다
처음의 사랑을 궁리하듯이
마지막으로 이별을 궁리하듯이
여자가 울며 바다에 잠기고 있었다.

당진 여자

석문방조제에 늘어선 포장마차
철조망에 널린 우럭의 아가미에
낮 시간을 삼킨 도마질 소리와
바다를 먹은 흔적이 붉게 걸려 있다
방파제 사이로 사리 때의 파도가
매끈한 하얀 다리를 내밀었다 거둬가는 사이
달이, 서치라이트처럼 떠올라
그녀를 검게 비춘다
썰물 때를 맞춰 밀려드는 갈매기떼처럼
끝없이 들락거리는 단골들
한번쯤은 수족관을 뛰쳐 넘어
바닥에서 펄떡이는 광어처럼 한 마장 쉬며
지느러미를 은빛물결에 출렁이고 싶은 것이,
횟감을 저밀 때마다 팔 끝을 타고 찌릿찌릿하게
온몸으로 흐르기도 하는 것이,
오래전 당나라로 사신가는 낭군을
눈물도 없이 배웅한 당찬 여인네이기도 한 것이,
회항한 배에서 새로운 물고기가
먼 바다의 냄새로 부려질 때마다
매번 다시 바빠지는 그녀의 손
바다에 잘 절여진 그녀의 작은 손이
도마를 친다, 바다를 친다

일찍 나온 낮달이 홍조가 진 볼에
제집처럼 얹히는 당진 여자.

그냥,

거짓도
참도 아닌

딱 그 양만큼
편하게

변명처럼
들리는 말

사랑을 가장
멋없게 하는 말.

분수

허공에 오줌을 누는 물줄기
다리를 보니 상처투성이다

무지개를 꿈꾸며
맨발로 걸어온 상처투성이다.

시 마을

마른 해당화가
햇볕을 쬐고 있었다
피지 않은 동백들은
한 줄로 서서 손을 흔들었다
빈 가지를 드러낸 벚나무들은
해풍에 몸을 더 말렸다
몇 대의 차량이 지나가고
몇 무리의 순례자들이 다시 왔다
곶감이 된 듯한 마른 감이
가는 가지 끝에서 대롱거렸다
가지가 휘청거릴수록
하늘이 쉽게 점령을 당해
해당화가 햇볕을 잃어버렸다
동백의 손도 멈추었고
벚나무도 해풍을 등졌다
몇 대의 차량이 지나가도
잘 익은 감은 떨어지지 않았다
따고 싶어도 딸 수 없는
감나무가 있는 마을이 있었다.

모시떡

산그림자가 그랬겠지

술래가 찾지 못하도록

꼭꼭 숨겨버린

그 산빛으로 그랬겠지

올이 부풀어 오를 때마다

산자락이 감춘

바람냄새가 나기도 하였겠지

산어깨에 걸린 낮달도

하얀 속을 드러내며 웃었겠지.

길버트 신드롬*

당신, 아직도 거기 있죠
내 간의 맛을 보고
혈액처럼 떠난 당신
혈관을 타고 온몸을
휘젓고 다닌 당신
불면으로 밤새 뒤척인 나를
이른 새벽부터 몽롱한 무게로
끌고 가는 당신
순환하는 당신의 손길들이
황도빛으로 내 얼굴을 물들이는
지루한 순간들에도
나는 기나긴 업보를 떠올렸죠
몸이 까무룩 드러눕고 싶을 때에도
당신, 거기 와 있는 거 알고 있죠
서킷을 하는 자동차처럼
내 몸 구석구석을 돌고 도는
누렇게 뜬 풀 같은 당신
사랑하지 않는다는 나의 당찬 연서를
후대에까지 유서처럼 전해 줄 당신,
아직 거기 남아 있어서
내 심장을 후벼 파는 거 다 알고 있죠.

* 길버트 신드롬 : 빌리루빈을 분해하는 효소가 상대적으로 적은 유전 질환.

능소화

당신의 음핵을 만진
벌벌 떨리는 손으로
붉은 눈을 부빈 날

심장이 하도 두근거려서
다리가 자꾸 후둘거려서

문설주에 기대 앉아
가만, 가만히 눈을 감네

누가 또
당신의 음핵을 만졌는지

더듬대는 발자국소리가
오줌발 떨어지듯 들리네.

당신

입추 즈음에 죽은 손톱은
입동이 다가와도 빠지지 않는다
씨앗만 검게 남은 코스모스꽃대처럼
내 손톱도 당신을 향해
조금씩 다가가기 위해 굳은 피를
바람에 풀어 날려 보낸다
정작 기다리는 안부는 오지 않고
환절기를 치루는 부음만 날아든다
나뭇잎이 물들어가는 만큼
골이 진 마음도 독하게 깊어갔으나
낙엽이 진다는 소식에 비해
더딘 눈길로 속만 끓이는 당신
당신 닮은 사람을 만나는 날에는
처음 손톱을 찧은 통증처럼
또 이피히며 당신인 듯 바라보는
못된 버릇이 도진다
새 손톱이 초승달처럼 눈을 내밀면
언뜻 가슴을 아리게 조여 오는
당신이라는 사랑의 통점
제자리서 맴도는 당신의 눈빛이
까만 손톱에 초점을 맞추며 내려앉는다.

독곶리*

사랑을 몽돌밭에 묻고 사람들이 돌아갔다
한때 가슴을 풍랑처럼 쳐댔던
내 사랑도 몽돌로 꼭꼭 눌러놓고
쓸쓸히 황금산을 넘어왔다
밀물이 들고 해풍이 심하게 불던 날
파도가 뒤척여 묻어놓은 사랑이 떠올라
인어의 울음이 되어 뭍으로 밀려왔다
촘촘한 그물로도 막지 못한
거대한 물고기 같은 사랑이
밤마다 되돌아와서 애절하게 울었다
사랑을 잃은 사람들이 몽돌이 되어
눈을 뜨고 잠을 자는 독곶리
잠이 덜 깬 바다가 해무 속에다
설익은 사랑 한 짐을 부려 놓았다.

* 독곶리 : 서산시 대산읍에 있는 지명.

매미울음 소리에

며칠 남지 않은 사랑이었다
가슴 뜨거운 울음도
나무를 움켜쥔 애착도
얼마 남지 않은 이별을 알리는 듯
기별도 없이 뜻하지 않게 들려왔다
울다 지친 매미들이 나무를 부여잡고
덤으로 남긴 빈껍데기가
바람에 부르르 떠는 한낮
껍질을 벗은 매미의 굳은 몸이 펴지고
딱딱하게 굳어갈 무렵,
누군가 길을 나서려고 나무그림자 속에서
탈피를 한 매미의 몸짓처럼
한동안 미동도 하지 않았다
이레째의 사랑이 끝나고
이레째의 이별을 생각했을
매미 같은 사람이 있었다
죽어도 좋을 만큼의 사랑을 한
매미가 되고 싶은 사람 또한 있었다
매미처럼 오래된 사랑을 벗고
새로운 옷으로 말끔히 갈아입고
방금 길을 떠난 한 사랑이 있었다.

물들다

나뭇잎이 붉게 물드는 것은
제 근본이 뜨겁기 때문이다

뿌리로부터 전해져오는
열화상 같은 뜨거움이

기둥 속 물관을 타고
부글부글 끓어오르는 것이,

시간이 번져가는 것인지
상처가 아무는 것인지

가지 끝이 간지러워 오는 게
허벅지가 온통 붉어지는 게

골바람을 마신 산의 얼굴이
아침나절부터 단풍으로 물든다
감당하기 어려운 짝사랑으로 물든다.

저녁 7시의 편지

나는, 아직도
여기 있습니다
떠나기 전 받은
당신의 편지에 발목이 잡혀
러시아워에 갇힌 듯
당신이 엮은 문장의 쇠사슬에
묶이고 말았습니다
마침표를 넘고 행간을 건널 때마다
자운영 울음소리가 났습니다
인파에 뒤덮인 답답한 거리,
보랏빛 울음을 하늘 속으로 풀어헤치며
당신이 피는 듯도 했습니다
도시의 바람에 엎질러진
서툰 문장들
당신은 그쪽에 있고
나는 여전히 이쪽에 있습니다
격자무늬 창에 숨은 바다가 할 말이 많은 듯
자꾸 파도를 부치는 저녁입니다
어디든 가기 좋은 저녁 7시입니다.

바젤을 넘으며

몇 대의 트램이 지나가고서야
궤도가 선명히 보였다
어둠이 짙어갈수록
오래된 도시의 야경은
야광 구슬처럼 되살아났다
성당에서 종소리가 울리자
종탑에 앉아있던 비둘기들이
검은 건축물 속으로 숨어들었다
설핏 알프스산맥에서 쫓아온
바람들이, 이방인을 구석으로 모는지
차갑게 볼을 스치고 지나갔다
역에 닿은 마지막 기차가
몽마르뜨 언덕의 크레페 향기를 풍겼다
몇 대의 트램이 더 지나가도
목적지를 정하지 못한 여행객의
발에 밟히는 어둠
종착을 하면서도 종착이 아닌 듯
국경에서 국경을 넘는 바젤에
한동안 삼나무처럼 서 있었다.

밤 우강평야

가을비에 젖고 있는 당신을
따뜻하게 안아주지 못했다
수로를 따라 파고드는
안개도 쫓아내지 못하고
밤이 드러누운 들판에서
당신의 기도소리를 들었다
추수가 끝난 논바닥들은
맨몸으로 비를 맞으며
안개 속으로 숨어들었다
가끔 지나치는 자동차의 불빛이
들고양이의 눈에 반사되어
정지신호처럼 깜박이는 곳
당신을 만나고 돌아오다
쓸데없는 가을비를 맞았다
서서히 짙어가는 안개에
당신도 뒤돌아서서
어딘 듯 발걸음을 내딛었다
어둠 속에서 당신의 기도가
축축이 젖어가는 우강평야에
한 사랑을 내려놓았다.

는개

혼자 가기가 부끄럽다고
박새들을 다 내쫓아낸다
당신 눈물 떨어진 샘물에
파문처럼 번지는 메아리
입술이 먼저 닿은 자국마다
방울로 맺힌 사랑
톡,
 톡,
  톡,
사랑이 사랑을 안아주며
혼자 산을 내려가는 길
저녁이 는개에 젖는다.

독살

앞만 보고 가다
뒤를 보지 못했다

귀가 시간이 늦은
가장家長의 불안한 물질소리

해풍이 잦아들어도
아버지는,
영영 돌아오지 않았다.

에메랄드그린

물 위에 떠있는 숲
저수지를 떠돌던 안개가
커피향기를 맡고 내려앉자
에메랄드그린이라고
당신이 말했다
논병아리들이 떼를 지어
물의 숲속으로 사라졌다가
더 짙은 그린 빛으로 나타나는 한낮
무엇을 보고 있냐는 물음에
물의 숲길을 따라 걷고 있는
당신을 보고 있다고 말했다
상류에서 내려온 물들이
윤슬 같은 사랑을 부려놓고
고요히 돌아가는 저녁답
무엇을 하고 있냐는 전화에
당신을 기다리고 있다고 했다.

3부

찍다

— 판화가 류연복

찍을 사람 없어도
한 대가리 찍구와서
진짜 찍어야 할
판화를 찍는다
투표란 게 찍구와서도 찝찝하다고
판화나 찍고 한 잔 하잔다
뭔가를 빼앗긴 것 같아
사람도 찍고
판화도 찍으며
한 잔 하잔다
찍고,
찍고,
어딘가 튀어나온 세상도
안주 삼아 찍잔다.

뚜이

아저씨 나에게 마사지를 받아주세요
아버지의 손목을 자른
한국 사람에게는 원망이 없어요
아버지가 벌지 못한 돈을
이제는 내가 벌어야 해요
다달이 들어가는 어머니의 약값에
어려운 생활비도 내가 보태야 해요
내가 돈을 벌 수 있다는 생각을 하면
손에 힘이 저절로 들어가요
고향 호아빈에 남아 있는
동생들의 얼굴도 또렷이 떠올라요
성치 않은 아버지의 몸을
시퍼런 지폐로 가득 덮을 수 있게
착한 아저씨, 팁 많이 주세요
아버지가 제대로 받지 못한
빳빳한 한국 돈 많이 주세요
집에서 순대국밥을 기다리는 아버지가
빨리 오라고 잘린 손을 흔들어요
아저씨 이왕에 마사지를 받을 거면
나, 뚜이에게 받아주세요.

레몬그라스를 끓이는 오후

그를 기다리는 동안
경주지역에서 지진이 났다는
뉴스속보가 나돌았다
건너편에 앉은 여자가
독재자의 딸을 찬양하는 말을 쏟아내
오던 그가 발길을 돌릴 것 같아
차 맛도 심란하였다
여전히 그는 오지 않았고
스콜이 내리는 베트남 평야 그쯤에서
값싼 노동의 대가로 그가 보낸 허브를
만지작거리는, 이쯤은 모래폭풍만 날리는
데스밸리 중간쯤에 있는 낡은 휴게소
땅이 갈라졌다는데
나라에 금이 갔다는데,
내가 아닌 내가
여기가 아닌 여기에서
오지 않는 그를 기다렸다.

연착

너와 내가 마주치게 하려고
비가 그랬지
기적汽笛에 묻힌 너의 목소리가
시간표를 묻는 듯
한 동안 서 있던 대합실
너의 눈빛을 피해
승강장 난간까지 밀린 발걸음
더 갈 곳이 없는 곳에서
갈 곳 없는 내 사랑도
비에 젖어 늘어졌지
풀어진 너의 파란머플러가
연착을 알리는 방송을 급하게 가렸지
비가 그랬지
너의 얼굴을 오래 볼 수 있도록
짧은 시간을 더 짧게
평행선처럼 갈라놓았지
너와 나의 사랑이
비껴가지 못하도록 묶어놓았지.

중복中伏

아파트 벽을 달군 열대야
얼굴이 창백한 사내가 눈 오줌에서
지린내가 심하게 났다

주문한 에어컨은 배달이 지체되었고
더 뜨거워진다는 폭염예보만 났다

끈적이는 밤을 불면으로 새면
염천에서는 늘,
신원을 알 수 없는 부고가 났다

숨통을 끊이는 지열
건드리기만 하면 터질 것 같은
미필적 고의의 짜증이 확 났다.

라니 1

불법 이주노동자로 보낸
한국에서의 삼 년
차 할부금은 끝이 났지만
또다시 주택대출금을 갚아야 해요
이 년을 더 불법 이주노동자로 떠돌거나
숨어서 견뎌야 해요
아픈 허리를 부여잡고
마사지 손님을 받을 때마다
점점 새 집으로 변해가는
촌부리의 낡은 집
이 년을 담보로 잡힌 노동이
만기가 되어갈수록 몸은 늙어 가는데
언제 집으로 돌아갈 수 있을까요
보낸 돈으로 아버지가 수리한 부엌에서
어머니가 끓인 국수를 먹을 수 있을까요
내 순번을 알리는 라니, 이름을 부르면
잠꼬대라도 촌부리라고 대답하는
나는, 이 년이나 더 있어야 돌아갈 수 있어요.

서산여자

별에서의 하루*는 어떠셨는지요
팔봉산이 보이든가요
간월도가 보이든가요
곶에서 만으로 만에서 다시 곶이 되는
바다의 경계 위에
별 그림자를 윤슬로 쏟아놓았다지요
파도같이 스쳐간 생의 한 부분을
마늘종자 넣듯 꾹꾹 다져 놓고
싹이 돋아 오르는 만큼씩
시 한 줄 받아냈다지요
흙이 조갈증을 앓는 지독한 가뭄에도
밤마다 마른 안개를 타고와
기우제 지내듯 시를 읊었다지요
산으로 간 사람들이 마을로 내려오고
바다로 간 사람들은 포구로 돌아왔다지요
시들이 돌아가는 길을 당신이 찾아주었다지요
별에서 완성하지 못한
시의 마침표를 단박에 찍어놓고
당신은 서산으로 돌아갔다지요
새벽 첫차가 오기 전에 돌아갔다지요.

* 김가연의 시 「푸른 별에서의 하루」에서 차용함.

사연 2

모텔골목을 빠져나온 중년의 남녀
택시가 와서 멎자 여인의 낯빛이 굳는다
행선지를 모르고 따라온 아이 같은 눈빛으로
남자의 얼굴만 쳐다본다
등을 가만 두드리는 남자의 손길에서
안심이 되는 듯
택시기사에게 핸드폰으로 행선지를 알리는 여인
낯선 곳에서 낯익은 곳으로 돌아가려는
애틋한 사인
개마고원 북방이나 간도 남방쯤에서
철새로 날아온 여인이 택시를 타고 날아간다
우회전을 받은 택시가 시야에서 사라져도
여인이 날아간 숲 쪽을 남자가
한참 동안이나 쳐다본다.

카르마

시골집 콘크리트 마당 귀퉁이에
핀 제비꽃
덫에 걸린 제비같이 앉아있다
어떤 인연으로 날아와 앉아 있길래
새이면서 날아가지 않고
꽃이면서 지지를 않는가
반세기 전 아버지가 콘크리트를 칠 때,
꽃씨를 넣었는지
바람이 들 때마다 조금씩 불은 몸집
지팡이를 짚고 어머니가 지나가면
아버지의 오래된 정표인 듯
보랏빛으로 낮게, 낮게 웃는다
생전에 주지 못한 꽃 한 송이
바람을 따라 몰래 좇아와
조금씩 꽃대를 밀어올린 아버지
콘크리트 속으로 내린 뿌리를 받아주는
카르마와 카르마
제비꽃을 보기까지 반세기나 걸린 어머니
콘크리트 마당 위로
제비 한 마리 내려앉는다.

시론을 읽다

시론을 읽다
어려운 문장을 타고
잠깐 잠이 들었다
시를 쉽게 쓰려고
시론을 읽다 행간에 밀려
자꾸만 떨어지는 시를 보았다
시론을 읽어갈수록
점점 멀어져가는 시
시론을 덮고
되지 않는 시도 멈추고
카페 문을 나서려는데
소낙비가 내렸다
내린 빗물이 길바닥에 모여
물골을 트며 흘러갔다
수직으로 떨어진 빗줄기가
수평으로 흘러가는 찬란한 만행
한 행을 쓴 빗방울에
다른 한 행의 빗방울이 섞여들었다
겹겹이 쌓이는 문장을 쓰다 지우다
쓸데없는 시론만 만지작거렸다.

동안거

비우는데 한 달 보름
채우는데 한 달 보름
비우고 채우라는 죽비소리에
석 달간 조금씩 눈을 뜬
바람꽃,

덕산여자

택시차부 삼거리에서 우회전을 하면
온천수 같은 담배냄새가 풍겨왔다
난장에서 나물을 다듬는 까만 손으로
반사된 햇빛이 주름을 더 건조하게 하였다
길바닥에 주저앉아 있었던 시간만큼
입에 문 담배에서 뚝 떨어져 내린 재
떠도는 담배연기에서 눈물냄새가 났다
반 토막 난 담뱃재에서 깨진 사랑이 보였다
담배를 비벼 끄는 손이 더 작아 보이는 그녀
덕산 택시차부 삼거리를 지날 때면
수십 년 끊은 담배가 다시 피우고 싶어졌다.

오래된 기억

너와 나의
손을 포개어

떠나보내도 가지 않는
가장 아픈 상처 같은,

제물국수

혁명이라도 올 것 같은 찜통더위
서서히 뜨거워진 물이
가장자리부터 끓기 시작했다
가는 면들이 뿔뿔이 헤어졌다
다시 뭉쳤다
쇠막대로 저을수록 엉겨붙었다
펄펄 끓는 물속에서
머릿결을 말아 올리는 제의
혁명이 끝난 것 같은 찜통더위
땀에 젖은 옷가지에서
국수냄새가 났다.

아름다운 오해

시골 간선도로를 달리다가
버스 승강장 표지 너머로
하얀 원피스를 나풀거리며
손을 드는 여인을 보았다

섬섬옥수 손짓 따라
눈길이 먼저 방향을 트는데
내 사람 가만 두라고
뒤에서 버스가 경적을 울렸다

버스에 오르는 여인을
백미러로 아쉽게 훔쳐보며
어쩌면 매일 그녀를 태웠을
버스와의 긴 연분이 부러웠다

단 하루 찰나의 설렘으로
염치도 없는 연분 앞에
지나는 승강장마다
여전히 하얀 원피스가 나풀거렸다.

보라 다방

막차가 도착해도
그대는 돌아오지 않았다
낯선 손길들이
출입문을 여닫을 때마다
멀어져가는 버스소리가
가냘프게 들려왔다
바깥벽에 매달린 외등 위로
예보도 없이 가랑비가 내렸다
불빛에 반사되어
붉은 눈물을 흘리던 능소화가
좀 더 기다려보라고 재근하였다
몸을 녹인 길손들이 하나둘씩
담배연기처럼 흩어져도
여전히 오지 않는 그대
오지 않는 그대를 바람같이
막연히 기다리던 때가 있었다
첫사랑에서 한 사랑으로 이루어질 것 같은,
따뜻한 옛집이 저기 있었다.

처서

그 동안
식은 맨밥만 먹어왔다

찬바람이 나면
안부도 없이 그대가 보내준,

잘 숙성된 묵은 반찬도
얹어 먹어야겠다.

비가 그랬다

그대에게 가라고
비가 내립니다

가서 밥 한번 먹자고
빈말 아닌 참말을 해보라고

산자락을 훑으며 내리는
빗줄기가 꼬드깁니다

빗소리를 반죽에 섞어
수제비를 뜨는 그대가

줄에 널린 빨래처럼
축축이 앉아있습니다

한 끼 해 먹여 보내려는
그대의 더딘 마음같이

간을 맞추지 못하게
비가 끝없이 내립니다.

도리포

칠산 앞바다에서 울던
민어가 검문을 당하는 곳
벌물을 잔뜩 먹은
숨 가쁜 소리로 그랬을까
한번쯤 꿈틀거리는 숨통이
뱃고동으로 들려오는 도리포
칠산 앞바다에서 매고 온
갯벌냄새를 한 짐 부려놓고
가던 길 가버리는 바람
썰물을 따라 나간 철없던 치어들이
제철 맞아 회귀하는 곳
칠산 앞바다에서
사랑을 흘린 사람들이
도리질을 하며 돌아와
늦게 철든 민어의 울음으로
꺼억꺼억 우는 도리포.

* 도리포 : 전남 무안에 소재한 포구.

서운산 갈래길에서

정상에서 다른 정상을 바라보는 산행
길이 끝났는데도 끊어진 길이 나타나
손을 내밀 것 같아 주저하는 사이
늦게 도착한 시들이 모여들기 시작한다
사방을 둘러봐도 산뿐인,
산으로 둘러싸인 시인에게
명당이니 눈도장을 찍어두라고 훈수를 둔다
안성 연복형에게 판화로 밑그림을 그려달라고
평택 대식시인에게는 백석 시 각주를 달아달라고
진천 완호시인에게는 목련여인숙 방 하나 내달라고
아니면 한 마장 더 걸어가
천안 정록시인에게 한자풀이를 해달라는
오만가지 요행과 잡념에 길머리를 잡지 못해
갈래길에서,
정상 아닌 정상의 시를 써보는 산행.

건봉사 일주문

부도전을 지키던
까치독사가 뱉은 독이
안개를 타고 올라와
일주문 처마에 연꽃을
죽비자국처럼 그려놓는다
한 겁을 면벽하다
등신불이 된
노스님의 가부좌인 듯
빗장 없는 문설주 사이로
탱화를 펼쳐든 봉황이
경전을 읊는다
길이 끊어지지 않도록
속계와 성계가 합장을 하며
삼배를 하고 또 한다
동해에서 만행 나온 아침바람을
입 크게 벌리고 서서
발우를 비우듯 들이마신다.

권혁재가 말하는 시인 권혁재

1952년 아버지 권오화와 어머니 이정순 결혼. 당시 어머니 나이 18세, 아버지는 24세였다. 경북 영천군 화산면 유성동 608번지에서 시집살이 시작함. 중간에 몇 번의 임신과 출산이 있었으나 유산이나 병사로 자식을 잃기도 하였다.

1961년 큰형 권혁곤 출생. 이 즈음에 평택 아산만 간척사업이 이루어져 땅 한 평이라도 소유하려는 농민의 희망을 안고 아버지가 가솔을 이끌고 평택군 팽성면 신대2리 211번지로 이주하게 됨. 나중에 안 사실이지만 할아버지가 매입한 논이 토지소송분쟁 중이었다는 것이 알려져 부모님은 심히 낙심을 했다고 함. 이 토지분쟁소송은 1960년대부터 2010년도 미군기지가 들어서기까지 지속되다가 국책사업으로 인해 끝이 남.

1962년 둘째형 권혁수 출생. 나하고 제일 많이 다툰 기억밖에 나지 않음. 어머니를 닮아 매사가 분명하고 결단력이 있음. 그래서 자기가 하기 싫은 것은 누가 강권해도 듣지 않았다. 형이 일찍 사회생활을 하면서 받은 첫 월급으로 나에게 사준 것이 꽃무늬가 예쁘게 들어가 있는 일기장이었다. 아마도 그것이 내가 글을 쓰게 된 동기로 작용하지 않았나 싶다.

1964년 권혁재 출생. 호적상 출생신고는 1965년생으로 되어 있다. 그 당시의 사회적인 인습이 일 년 늦게 출생신고를 하는 사람들이 많아서 그리 되지 않았나 싶다. 형들이나 여동생마저 다 일 년씩 늦추어 출생신고가 되어있다. 그리고 본래의 이름은 권혁제였으나 '제'자가 한문으로 쓰면 '濟'인데, 쓰기가 복잡할 뿐만 아니라 '제'와 '재'자의 발음상의 혼란으로 구설수가 잦아 2007년에 개명신청을 하여 '권혁재'로 쓰게 됨.

1965년 여동생 권정자 출생. 나하고 연년생인 관계로 잦은 다툼에도 친구 같은 사이가 됨. 여동생과 콩을 볶아 먹다 아버지에게 내쫓겨 옆집 처마 밑에서 비를 피했던 적이 있음. 여동생도 나중에 권유정으로 개명을 함.

1971년 계성초등학교 입학. 졸업할 때까지 논두길, 밭둑길을 걸으면서 먹거리를 서리하거나 냇가에서 멱을 감고 검게 탄 모습으로 잘 다님. 토지분쟁소송에서 패소를 한 날, 어머니가 나를 안고 짐승의 울음으로 우신 적이 있는데, 그때 나는 너무 겁이 나서 잠든 체 하였다. 이러한 일련의 심경은 시「우기」나「북해도」에서 드러내었다.

1975년 미군기지 공사판에서 일을 하던 어머니가 대못에 찔려 파상풍으로 중지를 절단하게 됨. 젊은 나이에 불구가 된 어머니는 의수를 하다 연세가 들면서 의수를 하지 않았다. 어머니에 대한 시는「그믐밤」이나「철쭉제」에서 나타내었다.

1976년 대대적인 경지정리가 이루어져 불도저가 엉성하게 밀어놓은 논바닥을 잡석과 흙덩어리를 제거하는 거듭된 노동으로 아버지는 늑막염을 앓음.

1977년 평택 청담중학교 입학. 비포장도로를 달리는 버스를 타고 통학함. 가끔 시내 쪽에서 먼저 만석이 되어 오는 버스로 인해 친구들과 이십 리 길을 걸어서 다니기도 함.

1979년 3학년 겨울방학 때 황순원의 "소나기"를 다시 읽고 그 이후의 이야기를 써보자고 소설 아닌 소설을 쓰면서 그해 방학을 보냈다.

1980년 평택 청담고등학교 입학. 입학하고 4월 달에 치러진 백일장에서 장원을 함. 이때 국어를 지도하신 정창헌 선생님에게 문학의 지대한 영향을 받음. 당시 정창헌 선생님은 동국대 국문과를 졸업하고 초임지로 내려온 학교라서 학생들에게 열정이 대단하셨다. 서정주, 이병주 등 문학대가들의 말씀을 자주 해주셨고, 학급에서는 각자 한 편의 시를 짓게 하여 문집을 엮는 것도 지도해주셨다. 당시 글을 쓰며 가까이 친구 중에는 나보다 글을 잘 쓰는 친구가 몇 명 있었는데, 그 친구들은 이상하게도 병사를 하거나 불의의 사고를 당해 세상을 떠났다.

1982년 교내 편집위원과 국장을 맡으면서 교지나 학보를 만듬. 당시 학보 기자였던 박후기 시인과 편집부 일을 같이 함. 적성은 문과인데, 정창헌 선생님이 이과 담임을 맡으신 바람에 선생님을 좇아 이과로 옮김. 결국 원하는 대학을 진학하지 못하고 재수를 하는 원인이 되기도 함.

1983년 둘째형 권혁수 사망. 서울에서 재수공부를 하다 잠시 집에 내려왔는데, 부엌에 서 계신 어머니가 나를 보자마자 어두운 얼굴로 나를 피하셨다. 직감적으로 무슨 일이 있었구나하는 생각에 어머니를 재촉하니 둘째형이 교통사고로 죽었다고 하였다. 그 말을 듣고 내 발걸음은 어느새 뒷산으로 향하고 있었다. 형과 뛰놀던 뒷산에서 아산만을 내려다보고 평택평야를 내려다보며 울고 또 울었다. 훗날 형의 죽음은 내 작품 속에서 어둡게 나타나곤 했다. 시인에게는 하나의 천형적인 사연이 있다고 하지만 형의 죽음은 커다란 충격 그 자체였다. 서울에서 짐을 정리하고 내려와 집에서 어머니를 돌보며 주경야독으로 입시 준비를 함.

1984년 단국대학교 국어국문학과 입학. 고전문학의 석학이신 황패강, 정학성 선생님과 현대문학의 해박한 지식과 창작이론을 지도해주신 송하섭, 김수복 선생님과의 만남으로 문학에 심취하게 됨.

1985년 해병대 지원 입대. 특별히 몸이 건강하거나 해병대를 지원할만한 어떤 계기도 없었는데 군대를 빨리 갔다 오자는 막연한 심정으로 지원한 것 같았다. 국문과를 전공했다는 것이 소문나면서 전역을 앞둔 선임들의 추억록 작성과 연애편지 대필도 많이 해줌. 중대장이 정훈병으로 추천을 했으나 야전생활을 하겠다고 건방지게 고사를 함.

1987년 해병대 제대. 어려운 군생활을 하며 틈틈이 읽은 책과 쓴 글들은 후에 내가 문학을 하는 자양분이 되었다.

1989년 학교 복학. 불명확한 미래의 불안감과 학비를 벌기 위해 복학이 일 년 늦어짐.

1992년 단국대학교 졸업. 학원자율화투쟁으로 인해 잦은 휴교령과 휴강에도 불구하고 틈틈이 소설과 시를 씀. 졸업할 때까지 박인환의 시세계를 조명한 「떠나면서 떠나지 않은 것」이라는 서평과 학술제에서 「김동인의 소설 감자 연구」 등을 발표하였다. 졸업 기념으로 직접 제작한 『성년일기』 시집과 『한국현대문학개요』라는 책을 동기들이나 선생님들에게 드림.

1994년 도라지꽃과 수선화를 닮은 임현주와 결혼.

1996년 사랑하는 딸 권채은 출생. 책읽기와 영화 보는 것을 좋아함.

1998년 단국대학교 교육대학원 졸업. 교단에 서고 싶었지만 가질 않았다. 한곳에 구속되는 생활이 싫었기 때문이다. 대학원 다니는 것을 아내가 이해해 줌. 아내에게 미안하면서도 고맙다는 말을 진심으로 전함.

1999년 사랑하는 아들 권도현 출생. 게임을 좋아하나 직관력이 있음.

2000년 아버지 권오화 사망. 아버지는 입원 한 달 만에 돌아가셨다. 마지막으로 나와 말없이 마주치던 눈빛을 잊을 수가 없다. 그 눈빛이 마지막 인사가 되었다. 이러한 심정은 작품 「단디해라」에 잘 나타나 있다.

2003년 단국대학교대학원 박사과정 진학. 장옥관 시인, 공광규 시인, 안도현 시인, 김중일 시인 등과 과정수업을 같이함.

2004년 《서울신문》 신춘문예 당선. 당선 연락을 받기 이틀 전에 거대한 해일이 나를 덮치는 꿈을 꿈. 꿈을 잘 꾸지 않는 나로서는 신기하고 생경하였다. 개통한 지 얼마 되지 않은 서해대교 교각 앞에서 신문사 문화부 기자로부터 당선의 전화를 받음. 노을이 서해대교 교각에 걸려 바다를 붉게 물들였다. 그날 본 노을이 제일 곱고 아름답다고 느껴졌다. 지금까지 많은 노을을 보아왔지만 그날의 노을만큼 은은하거나 곱지 못함.

2009년 첫 시집 『투명인간』 발간. 시집 『투명인간』으로 단국문학상 수상. 당시 문학의 전당 발행인이 고 김충규 시인이었다. 현대시 모임에서 알게 된 그가 나를 볼 때마다 시집 원고를 독촉해서 그러지요 한 게 그와의 인연이 됨. 그가 죽었을 때 그의 아이도 중학생이었고, 나의 아이도 중학생이어서 가슴이 더 애잔함.

2011년 두 번째 시집 『잠의 나이테』 발간. 장석주 시인의 등단 30주년 행사장에서 애지 주간이신 반경환 선생님을 만남. 이후 두 번째 시집을 비롯하여 최근까지 모든 시집을 지혜에서 발간함.

2012년 문학박사 학위 취득. 10개월에 가까운 시간을 거쳐 논문을 쓰고 나니 두통과 어지럼증이 왔다. 이것은 후에 왕성한 창작의 계기를 가져다 줌. 왜냐하면 시를 쓰면서 통증을 잊고자 하였기 때문이다.

2014년 세 번째 시집 『아침이 오기 전에』 발간.
네 번째 시집 『귀족노동자』 발간.

2016년 다섯 번째 시집 『고흐의 사람들』 발간.

2018년 여섯 번째 시집 『안경을 흘리다』 발간. 문학나눔 우수도서에 선정됨.

2020년 여행을 좋아하고 사진 찍는 것을 좋아한다. 이탈리아 여배우 모니카 벨루치가 나오는 영화를 보거나, 라라 파비안이 부르는 노래를 들으면서 여전히 시를 씀.

해설

역사와 삶의 불화 속을 걷는 시

이승희 시인

역사와 삶의 불화 속을 걷는 시

이승희 시인

익숙한 것은 지나간 것인가? 그렇다면 지나간 것은 지나간 것일 뿐인가? 삶에서 지나간 것이라는 게 있을 수 있는가? 익숙한 것은 새로운 것이 될 수 있는가? 물론 익숙하다는 이 표현조차 시를 읽는 개인에 따라 그 편차가 아주 큰 것이어서 그것이 정말 익숙한 것인가에 대해서도 의문이 남는다. 다만 최근의 우리시의 전반적인 경향에 비추어 볼 때 권혁재 시인의 시를 읽으며 이와 같은 질문을 해보는 것은 그의 시를 읽는 또 다른 재미와 의미가 된다.

권혁재 시인의 시는 총 3부로 구성되어 있으며, 1부에서는 제주 4·3의 역사적인 사건을 재구성하고 있으며, 2, 3부는 외국인 노동자의 삶을 비롯하여 소외된 사회적 약자와 타자들을 향한 시선이 특징적으로 드러내고 있다. 익숙하다고 했던 것은 이러한 시인의 사회적 시선을 우리는 80년대에 이미 극단적으로 겪으며 지나왔다는 것이다. 그런

데 더욱 혼란스러운 것은 현재의 우리 시의 경향에서 젊은 시인들의 자아와 해체의 분열, 그에 따른 실존적 불안의 유희적 극대화 혹은 이에 따른 자기 유희의 과잉도 없지 않다고 볼 때, 자아의 또 다른 얼굴이 될 수 있는 역사와 사회를 구성하는 타자성에의 응시와 인정, 불화의 목소리에 귀를 기울이는 태도는 오히려 낯설게 보인다는 것이다. 즉, 분명히 겪어왔던 익숙함이 왜 이렇게 낯설게 보이는가라는 점이다.

이미 익숙한 것이 다시 낯설게 보이는 것은 그것이 지나간 것이냐의 문제보다는 지금 현재 시의 경향에 비추어 그렇다고 보아야 할 것인데, 이런 낯섦은 우선 시인의 시선에서 찾을 수 있으며, 더 나아가 이러한 역사적 사회적 불화가 아직 끝나지 않은 문제이며, 이러한 시선을 통해 시인은 그것들과의 적극적인 대화와 응시하기를 시의 동력으로 삼고 있다는 데서 생각해볼 수 있을 것이다.

1990년대 이후 문학의 탈정치화가 거짓말처럼 이루어졌다. 물론 완전히 사라졌다는 의미는 아니다. 그 색깔을 달리할 뿐 어쩌면 단 한 번도 멈춤 없이 나아가고 있는 흐름이라 해야 할 것이다. 여전히 세계는 불완전하며, 부조리하고 이는 앞으로도 거의 영원히 그러할 것이고, 우리 사회로 줄여본다 하더라도 여전히 억압과 차별의 문제는 사라질 수 없기 때문이다. 이와 더불어 '촛불'에 이르기까지 정치적이지 않은 문제는 사실상 없다고 해도 과언이 아니다. 그런데 어떻게 우리 시에서 이러한 문제에 대한 시선과 응시는 잘 보이지 않는가. 오히려 이런 문제들은 더욱 내재화되고 일상화되어 그것의 본래적 위험과 공포를 완전히 잊고 지내는 것은 아닌가라는 질문도 가능할 것이다. 물론 이러한 의문과 질문에 답을 내놓을만한 역량이 되지 않으므로 더 이상 논의를 진행시켜나갈 수는 없지만 권혁재 시인의 시를 읽으며 이러한 생각을 다시금 해볼 수 있다면 그 또한 시인의 시가 던지는 아주 의미 있는 작업이 될 거라는 생각을 한다.

현실의 부정성 적발과 비판에 열심이었던 1980년대로부터 지금의 시의 경향에 이르기까지 그러한 흐름에 비하자면 권혁재 시인의 시는 경향상 분명히 '지금'적인 것은 아니라고 말할 수 있다. 그렇게 때문에 익숙하다고 할 것인지, 낯설다고 할 것인지, 그렇기 때문에 새로운 질문을 던지고 있다고 해야 할지는 매우 중요한 문제이다. 문학적 역량이 크지 않은 사람으로서 여기서는 권혁재 시인이 향하고 있는 타자와 사회적인 시선의 의미에 대해서 개별적인 의견만을 더할 수 있을 뿐이다.

우선, 권혁재 시인의 시는 익숙하지만 익숙하지 않다는 말로 시작해 본다. 이전의 참여시에서 나타나는 획일화된 정치성과는 분명히 결이 다르기 때문이다. 그러한 정치성을 통해 무엇을 전달하려고 하지 않는다는 점에서 어쩌면, 시는 무엇인가라는 아주 근본적인 질문으로도 읽을 수 있다. 시를 통해 무엇인가를 바꿀 수 있다고 생각하지 않는다. 그러나 현재적 삶을 통한 그 이후의 것들에 대해 생각해볼 수는 있으며, 그것을 변화의 동력으로 삼아 인식의 확정을 가져옴으로써 그러한 결과가 나오기도 하는 것 역시 시라고 할 수 있다. 사실 시가 개인의 삶 외에 다른 것을 말하지 않는다면 조금 슬프다. 물론 시인 개인의 삶이란 문학으로서 양식을 통해 개인화되거나 개인에 머무르지 않으며, 개인적으로 보인다 할지라도 당대의 시 정신을 반영할 수 밖에 없지만 그보다는 삶을 바라보는 시인의 시선에 대한 말이다.

권혁재 시인은 자신의 여섯 번째 시집인『안경을 흘리다』(지혜, 2018)에서 자신의 사회적 시선에 대한 자세와 믿음을 굳건하게 보인 바 있다. 시집의 작품 해설을 맡은 김병호 시인은 "삶의 양심적 비밀을 감각적으로 인지하는 시인이며 대립과 분리, 만남과 이별의 형식적 가교로서 시를 구축하고 삶의 예술이 지닌 비극과 전망을 삶 전체의 맥락에서 구축하고자 하는 시적 모험을 서슴지 않는 시인이며 이번 시집 '안경을 흘리다'에서 외국의 이주 노동자의 현실에 대한 일반론에 머무는 것이 아니라 구체적인 작품으로서의 생산성을 확보하고 있다"고 밝힌 바 있다. 뿐만 아니라 다른 시집에서는 쌍용자동차 노사 대립 당시 노동자의 아픔 읽어내는 시를 비롯하여 현실의 구체적인 아픔과 부조리함에 대하여 직접적으로 싸움을 걸기도 했다. 김석준 문학평론가는 그 시집에 대해 '시의 횡단: 사랑과 현실 사이의 경계에 서서' 있는 시라고 단언하고 "시적 정체가 비판적 리얼리즘에 입각한 현실 문제를 취재하고 있기는 하지만 시의 횡단면을 가로지르는 말의 궁극적 주체는 이 세계에 남아있는 것으로 믿어지는 마지막 양심이다"라며 "시인이 육화시킨 일련의 언어 지층이 세계의 아픔과 공명하는 순정한 의식을 사랑의 전언으로 응결시킨 것처럼 이 시대의 고통을 시의 가난으로 노래한 혁명에의 열망은 시가 감당해야만 하는 시대사적 소명임에 틀림없다"라고 말했다. 이처럼 그동안의 시인의 발걸음을 보면 시인이 바라보고자 하는 세계의 방향이 분명히 읽힌다. 그러나 조금 더 집중해야 할 것은 그러한 방향성이라기보다는, 그러한 방향성을 어떤 방식으로 끌어가고 있느냐의 문제일 것이다.

끝나지 않은 문제들, 정치를 넘어

이 세계 속에서 살아있는 모든 것은 정치적이다. 다만 그것이 어떤 형태로 잠재되어 있는가, 드러나는가의 문제만 있을 뿐이다. 문학이라는 예술장르가 때론 전위적이고 파격적인 것 같지만 현실 속에서 보자면 그렇게 느껴지지 않을 때가 많다. 권혁재 시인이 앞서 드러낸 이주 노동자들을 비롯하여 여전히 열악한 작금의 노동 현장은 물론이고, '촛불'에 이르기까지 한국사회는 잘 맞지 않는 톱니처럼 이를 드러내고 어긋나기도 한다. 물론 그런 과정을 통해 진보하고 더 큰 의미에서 그것조차 하나의 과정이라는 인식도 가능하다. 이러한 배경에서 사회적 시선을 강하게 드러내는 시가 오히려 낯설게 느껴지는 현실을 우리는 어떻게 이해할 것인지는 좀 더 논의가 필요한 문제임에 분명하다. 그것은 지나가고 익숙한 것이 아니기 때문이다. 그런 면에서 1부에 실린 시들은 시사하는 바가 자못 새롭다.

1부의 시들은 아직도 역사적으로 미완결 상태인 제주 4·3 항쟁을 역사적 배경으로 하고 있다. 80년대 중반에 당시 금서였던 이산하 시인의『한라산』을 읽었던 시절에 비하면 지금은 그래도 어느 정도 객관적 문제 해결에 이르렀다고 볼 수 있다. 그러나 아직도 분명하게 밝혀야 할 역사적 사실과 그러한 사실을 통해 우리가 새롭게 정리하고 의미를 찾아야 할 부분들은 여전히 진행 중이다.

달빛이 구멍 난 신발코로 들락거릴수록
밤은 더 무기력했고
허기는 개머리판에 얹힌 손을
부르르 떨게 했다
손에서 미끄러진 총이
고사목 가지를 부러트리며
밭으로 떨어졌다
패인 밭고랑에서 불에 타지 않은 지슬이
화약 냄새를 품은 채
불안한 씨눈을 깜박거리며 까맣게 웃었다
밤이 오고 다시 찾아온 적막
사람들이 하나 둘 지슬밭으로 내려와
아린 지슬을 씹어 먹으며
내년도 농사를 걱정했다
내일을 알 수 없는 순한 이야기들이
텅 빈 밭에서 지슬꽃으로 져버린
애기무덤들 위로 유성처럼 떨어졌다
마지막 하지 지슬이 바닥나면서
지슬밭은 마을의 공동묘지가 되었다 .

* 지슬 : 감자의 제주도 사투리.

— 「지슬밭」 전문

국가가 국민을 학살한 사건을 대체 어떻게 이해해야 하는 걸까? 그리고 이에 대한 많은 부분들은 아직도 4·3을 겪고 있는 피해자와 유족들을 비롯하여 진상규명에 이르기까지 현재 진행형이다. 그것을 상징적으로 드러내는 것이 제주 4·3 평화공원에 있는 비문 없는 비석인 '백비'다. 제주 4·3 항쟁의 진정한 해결이 이루어지는 날 비로소 비문이 새겨질 것이며, 누워 있는 비석도 세워질 것이라고 한다.

문학은 제주 4·3 사건의 역사적 진실을 밝히기 위해 가장 선도적이고 핵심적인 역할을 담당해왔다고 할 수 있다. 그런 점에서 1978년 발표된 현기영의 소설『순이 삼촌』은 기념비적 작품임에 분명하다. 시의 경우도 80년대 후반에 들어 이산하 시인이나 김수열 시인 등을 통하여 4·3을 의미있게 포착한 작품이 나오기 시작했다. 개인적으로도 대학 시절 당시엔 금서였던 이산하 시인의 시집을 읽고 받았던 충격은 말로 표현하기 어려울 정도였다. 이후 이 문제에 대해 특별법이 제정되고 공식적으로는 어느 정도 명예회복이 이루어졌지만 아직 풀어야 할 과제들이 많이 남아있는 상황이다. 권혁재 시인의 이번 시집에서 제주 4·3을 중심적 배경으로 한 시는 1부에 걸쳐 모두 스무 편에 이른다. 적지 않은 분량이다. 우선 4·3을 다룬 시 작품들은 많지 않다. 그러나 이 시들이 낯설지 않은 것은 그동안 권혁재 시인의 시가 걸어온 길을 생각할 때 자연스럽게 읽히기 때문이다. 그만큼 시인의 시선은 이미 오래전부터 개인적 내적 성찰이라는 부분보다는 그 시각을 역사적, 사회적으로 넓혀오는 작업을 충실히 해왔기 때문이며, 따라서 그런 시선의 연장선으로 파악할 수 있다.

극단적으로 말하자면 오늘날 우리 시에서 삶은 사라졌다고 볼 수 있다. 물론 개인의 성찰이나 사유 또한 사회적인 것이며 정치적이고 삶의 모습임에 분명하다. 시가 꼭 사회적 실천을 보여주거나 보증해야 한다고도 생각하지는 않는다. 그렇지만 그렇다고 해서 한국시가 유행처럼 미적으로만 싸우려고 하는가에 대해서는 그래도 한번쯤 논의가 필요하지 않을까 싶은 것이다. 이것을 굳이 삶의 실천적 현장이라고 굳이 말하지 않더라도 오히려 지금 우리는 다양성을 잃고 있는 것은 아닌지 생각해볼 필요는 없을까 하는 것이다. 그런 면에서 권혁재 시인의 시는 반갑고 많은 의미와 화두를 던져주고 있다. 특히 주목할 수 있는 것은 시인의 시들은 어떤 주장도 하지 않는다는 것이다. 정치적 개념의 정치성을 드러내지도 않으며, 무엇을 강요하거나 방향을 만들지도 않는다는 것이다. 오히려 그 반대 지점의 시선으로 4·3을 보여주고 있다. 인용한 「지슬밭」 역시 매우 서정적이다. 짧은 단편을 읽는 느낌도 있는가 하면, 한 편의 액자 그림을 보는 듯도 하다. 자신을 불필요하게 드러내지 않으며 극도로 담담하게 풍경을 그려내는 데 충실하고 있다. 1부의 시 전체를 통해서 혹은 개머리판, 총, 화약 냄새, 지슬 등을 통해 시의 배경을 알게 된다.

4·3을 배경으로 하고 있는 1부의 시들은 이러한 시인의 시선과 태도를 끝까지 유지하고 있는데, 이러한 진술 방식은 실제 배경이 되는 지명과 역사적 사실을 통해 한 편의 시로써 높은 완성도와 함께 깊은 울림을 전해준다. 절제한 서정적 진술이 오히려 더 큰 울림을 만들어 주는 힘을 보여주는 것이다.

"자고나면 오름 같은 무덤이/ 촘촘히 더 늘어나는 안개의 섬/ 제삿날이 한날이고/ 한 마을이 무덤 더미로 변한 채/ 곡성을 타고 휘돌아 다니는/ 안개의 섬이 남쪽에 있었다."(「안개의 섬」 부분)든가, "억새가 타는 냄새가/ 모슬포 쪽에서 부는 바람에 섞여/ 대평리까지 날아들었다/ 겁먹은 화순해변이 검게 변해/ 연기에 얼굴을 묻어버렸다/ 소개疏開가 되지 않은 외딴집에서/ 몇 발의 총성이 마른번개처럼/ 하늘을 가로지르며 들려왔다/ 진압대가 지나간 마을 어귀마다/ 전향을 알리는 삐라가 부고장처럼/ 정낭에 얹혀 있었다"(「삐라」 부분) 등 역사적 사실을 구체적이면서 건조하게 진술하고 있다. 또한 「잠복 학살터」, 「연좌제에 걸리다」, 「삐라」처럼 제목만으로도 4·3의 역사를 극적으로 드러내는 부분도 있다. 이를 통해 권혁재 시인은 자신만의 시선과 방법으로 제주 4·3을 오늘의 현실로 소환하는 데 성공하고 있다고 볼 수 있다. 우리는 4·3이 그저 이미 지나간 역사의 한 부분으로 인식되거나 혹은 박물화 되는 것을 경계해야 한다. 우리는 기회가 있을 때마다 거듭 확인하고, 아직 밝혀지지 않은 역사적 사실과 의미를 더욱 고찰해야 한다. 그것이 최소한 역사에 빚진 자의 자세여야 할 것이다. 그리고 이를 통해 각 경계의 접속 면에서 4·3문학의 새로운 지평은 구두선口頭禪이 아니라 문학적 실천으로 구체화 되어야 할 것이다.

삶의 현실성에 대한 아름다운 연대감

2부와 3부의 시 역시 그동안 권혁재 시인의 시작 방향과 같은 궤를 보여준다. 삶과 현실의 불화 속을 살아야 하는 것은 시인을 비롯하여 모든 사람들이 겪고 있는 문제이다. 그러니까 삶의 소외문제는 어느 한 집단만의 문제는 아닐 것이다. 그럼에도 불구하고 자본주의적 가치로 획일화된 세계에서 아예 삶의 바깥으로 내몰린 사람들이 있다. 그들은 언제나 주변으로 살아가는 듯 보이고, 그렇게 취급받는다. 그렇지만 권혁재 시인의 시에서는 다르다. 시인의 시 속에서 그들은 주체적으로 등장하며, 주체가 될 수 있는 건강성을 보여준다. 작금의 자본주의적 가치가 아닌 삶으로서의 건강함, 그것을 보여주는 주체적인 존재인 것이다.

이러한 시각은 매우 귀하고 아름답다. 정치적인 시각과 의미를 모두 배제한다 하더라도 그렇다. 삶의 불화를 건너가는 일에 대하여 분노하고 충실했던 80년대가 아니라 하더라도 이런 문제는 언제나 우리 삶의 문제이기 때문이다. 시가, 시인이 어떻게 우리 삶의 현실에 무감각할 수 있는가. 이는 고전적인 문제제기가 절대 아니라고 생각한다. 이는 문학이 존재하는 한 끝까지 함께 남아있는 과제임에 분명하다. 이 세계가, 이 사회가 완벽하게 정의롭지 못하다면 말이다. 이런 시각에서 볼 때 권혁재 시인이 보여주는 시의 미학은 오히려 새롭게 느껴지기까지 한다. "궁리항 방파제에 쪼그려 앉아/ 물새소리로 우는 여자", "회항한 배에서 새로운 물고기가/ 먼 바다의 냄새로 부려질 때마다/ 매번 다시 바빠지는"(「사연」)모습이나, "아저씨 나에게 마사지를 받아주세요/ 아버지의 손목을 자른/ 한국 사람에게는 원망이 없어요/ 아버지가 벌지 못한 돈을/ 이제는 내가 벌어야”(「뚜이 부분」) 하는 뚜이, “이 년을 더 불법 이주노동자로 떠돌거나/ 숨어서 견뎌야 해요/ 아픈 허리를 부여잡고/ 마사지 손님을 받”(「라니 1」)는 이주노동자의 삶을 담담하게 그려내고 있다.

석문방조제에 늘어선 포장마차
철조망에 널린 우럭의 아가미에
낮 시간을 삼킨 도마질 소리와
바다를 먹은 흔적이 붉게 걸려 있다
방파제 사이로 사리 때의 파도가
매끈한 하얀 다리를 내밀었다 거둬가는 사이
달이, 서치라이트처럼 떠올라
그녀를 검게 비춘다
썰물 때를 맞춰 밀려드는 갈매기떼처럼
끝없이 들락거리는 단골들
한번쯤은 수족관을 뛰쳐 넘어
바닥에서 펄떡이는 광어처럼 한 마장 쉬며
지느러미를 은빛물결에 출렁이고 싶은 것이,
횟감을 저밀 때마다 팔 끝을 타고 찌릿찌릿하게
온몸으로 흐르기도 하는 것이,
오래전 당나라로 사신가는 낭군을
눈물도 없이 배웅한 당찬 여인네이기도 한 것이,
회항한 배에서 새로운 물고기가
먼 바다의 냄새로 부려질 때마다

매번 다시 바빠지는 그녀의 손
바다에 잘 절여진 그녀의 작은 손이
도마를 친다. 바다를 친다
일찍 나온 낮달이 홍조가 진 볼에
제집처럼 얹히는 당진 여자.
—「당진 여자」전문

「당진 여자」 속의 주인공은 특별한 존재가 아니다. 주목받을 것 없는 평범한 우리 이웃의 모습이다. 그러나 시인은 그렇기 때문에 오히려 어쩌면 가장 특별한 모습을 발견하고 있는지도 모른다. 구체적인 삶의 현장을 살아가는 사람들, 그들을 바라보는 시인의 애정이 느껴지는 때문이다. 서정적 혹은 '서정'을 마치 낡은 것처럼 보는 경향도 없지 않지만 오히려 서정은 마음을 움직이는 힘이다. 그리고 그 서정이 우리 삶의 현실을 바탕으로 하면서 미학적 형상화를 이루어간다면 그것은 감정의 과잉이 아니라 삶의 건강성을 드러내는 데 매우 효과적이다. 권혁재의 시에서 보이는 건강성도 그렇다. 조금은 쓸쓸함의 정서를 담고 있지만 곤궁함이나 아픔에 대한 비애가 아니라 그것을 통해 시인 자신이 연대하는 마음을 담아냄으로써 그의 시가 건강성을 획득하는 것을 생각한다면 궁극적으로는 이는 비애와 섣부른 낙관을 넘어서는 삶의 건강함을 담아내는 움직임으로 볼 수 있다.

아저씨 나에게 마사지를 받아주세요
아버지의 손목을 자른

한국 사람에게는 원망이 없어요
아버지가 벌지 못한 돈을
이제는 내가 벌어야 해요
다달이 들어가는 어머니의 약값에
어려운 생활비도 내가 보태야 해요
내가 돈을 벌 수 있다는 생각을 하면
손에 힘이 저절로 들어가요
고향 호아빈에 남아 있는
동생들의 얼굴도 또렷이 떠올라요
성치 않은 아버지의 몸을
시퍼런 지폐로 가득 덮을 수 있게
착한 아저씨, 팁 많이 주세요
아버지가 제대로 받지 못한
빳빳한 한국 돈 많이 주세요
집에서 순대국밥을 기다리는 아버지가
빨리 오라고 잘린 손을 흔들어요
아저씨 이왕에 마사지를 받을 거면
나, 뚜이에게 받아주세요.

— 「뚜이」 부분

이주노동자의 시각을 빌려 말함으로써 보다 현실의 구체적 상황을 극대화하고 있다. 더불어 가장 현실적인 문제를 가감 없이 드러냄으로써 이주노동자의 현 상황을 단적으로 보여주기도 한다. 이는 물론 시인의 시각을 빌려서 나온 것이지만 이들의 삶이 품고 있는 현실과 희망, 절망의 감정들에 곧바로 다가갈 수 있게 한다. 이들의 삶이 이렇게 가장 분명하고 구체적으로 드러난다는 것은 현재 우리 사회가 그들의 삶에 어떻게 개입되어 있는가도 드러내는 사회적 의미도 갖게 된다. 이에 대해 시인은 모든 말을 감춘 채 담담하게 드러내는 것으로 말하고 있다. 그리고 이를 통해 그가 느끼는 연대감을 말없이 보여주는 셈이다.

시와 삶과의 거리를 줄이고, 삶을 통해 시를 출발시킴으로써 자신만의 사회적 서정시라고 부를만한 작업들을 꾸준히 해나가고 있는 권혁재 시인의 시는 다시 한번 시의 역할에 대해 생각하게 한다. 그의 시를 어떤 장르에 못 박을 수 없고, 그럴 필요도 없지만 자신만의 시선으로 우리 삶의 건강성을 발견하고 호명할 수 있다면 그것이야말로 가장 치열한 시인의 모습이라 할 것이다. 부조리한 삶의 현실 속에서 만나는 역사와 사회적 타인들에 대하여 스스로 평등하게 함께 묶이고 연대하고자 하는 마음이 그의 시를 이루는 시인의 자세라고 생각한다. 한 편의 시는 우리의 삶에서, 이 각박한 현실에서 어쩌면 아무것도 해줄 것이 없을지도 모른다. 그러나 소란스럽지 않게 그러나 당당하게 삶을 껴안고 가려는 시인의 발걸음은 그것 자체로 큰 울림으로 다가온다.

권혁재

권혁재 시인은 경기도 평택에서 태어났고, 2004년 《서울신문》 신춘문예로 등단했다. 시집으로는 『투명 인간』, 『잠의 나이테』, 『아침이 오기 전에』, 『귀족노동자』, 『고흐의 사람들』, 『안경을 흘리다』(문학나눔 우수도서 선정)가 있고, 2009년 '단국대학교문학상'을 수상했다.
권혁재 시인의 일곱 번째 시집인 『엉겅퀴꽃』은 우리 한국인들의 수난의 꽃이자 미래의 희망의 꽃이며, 권혁재 시인이 그 인식의 힘으로 새롭게 피워낸 꽃이라고 할 수가 있다. 피를 멈추고 엉키게 하는 엉겅퀴꽃, 관상용과 식용과 약용으로 널리 쓰이는 엉겅퀴꽃, 이제 권혁재 시인은 한국인 최초로 '엉겅퀴꽃의 시인'으로 부를 수 있게 되었다.

이메일 : doctor-khj@hanmail.net

권혁재 시집

엉겅퀴꽃

발　　행　2020년 4월 23일
지 은 이　권혁재
펴 낸 이　반송림
편집디자인　김지호
펴 낸 곳　도서출판 지혜・계간시전문지 애지
기획위원　반경환 이형권
주　　소　34624 대전광역시 동구 태전로 57, 2층 도서출판 지혜 (삼성동)
전　　화　042-625-1140
팩　　스　042-627-1140
전자우편　ejisarang@hanmail.net
애지카페　cafe.daum.net/ejiliterature

ISBN : 979-11-5728-394-1 03810
값 9,000원